国家级教学成果奖

“十二五”普通高等教育本科国家级规划教材

中国人民大学会计系列教材

《成本会计学（第10版·立体化数字教材版）》模拟实训

主编　张　敏　黎来芳　于富生

中国人民大学出版社
·北京·

目录

第Ⅰ部分　实训业务资料 …… 1

1.1　公司简介 …… 1

1.2　初始业务资料 …… 2

1.3　实训业务与实训要求 …… 3

第Ⅱ部分　实训原始凭证 …… 7

第Ⅲ部分　实训业务填制单据 …… 27

第Ⅰ部分　实训业务资料

1.1 公司简介

长江自行车有限公司是一家专业的自行车制造公司。该公司设有三个基本生产车间和两个辅助生产车间，大量生产电动自行车和普通自行车两种产品。

三个基本生产车间的职能分别为：毛坯车间负责生产自行车的毛坯配件；烤漆车间负责对毛坯配件进行烤漆处理；装配车间负责将经烤漆处理后的毛坯配件组装成完整的自行车。两个辅助生产车间的职能分别为：供水车间负责为其他部门供水；供电车间负责为其他部门供电。

该公司为了加强成本管理，采用**综合结转分步法**按生产步骤计算产品成本。毛坯车间和烤漆车间的半成品通过半成品库进行收发。

该公司的所有存货均采用实际成本进行计价，发出存货的计价方法均按全月一次加权平均法进行核算。

产品各步骤的完工产品与在产品的分配采用约当产量法，材料和半成品都是在投产时一次性投入，各步骤的在产品完工程度均按50%进行计算。

职工薪酬和制造费用按定额工时在电动自行车和普通自行车之间进行分配。辅助生产成本的费用分配方法采用直接分配法，辅助生产车间的制造费用不通过“制造费用”科目核算。

长江自行车有限公司基本信息如下：
纳税人识别号：91110105MA95012K81
地址及电话：中关村南路10号 010－82347777
开户行：交通银行中关村支行
账号：4920000029491203

1.2 初始业务资料

长江自行车有限公司2024年11月的有关初始资料如下：

1. 各步骤产品产量资料如表1所示

表1 各步骤产品的产量资料 单位：件

产品	产品数量	毛坯车间	烤漆车间	装配车间
电动自行车	月初在产品数量	150	100	80
	本月投产数量	400	400	300
	完工产品数量	450	400	300
	月末在产品数量	100	100	80
普通自行车	月初在产品数量	150	150	50
	本月投产数量	300	250	250
	完工产品数量	350	300	200
	月末在产品数量	100	100	100

2. 各产品本月定额工时资料如表2所示

表2 各产品的定额工时资料 单位：小时

产品	毛坯车间	烤漆车间	装配车间
电动自行车	2 000	1 000	1 500
普通自行车	500	500	500
合计	2 500	1 500	2 000

3. 各产品期初在产品成本资料如表3所示

表3 各产品的期初在产品成本资料 单位：元

项目	毛坯车间		烤漆车间		装配车间	
	电动	普通	电动	普通	电动	普通
半成品	—	—	30 000	25 000	19 880	9 900
直接材料	7 000	18 500	17 800	17 200	2 240	1 500
直接人工	6 000	5 000	7 000	2 250	4 680	2 000
制造费用	6 560	1 640	2 350	5 300	855	375
合计	19 560	25 140	57 150	49 750	27 655	13 775

4. **材料期初存量与金额资料如表 4 所示**

表 4　材料期初存量与金额资料

材料	数量	单价（元）	金额（元）
钢管	2 000 米	15	30 000
油漆	500 千克	6	3 000
轮胎	1 500 套	40	60 000
润滑油	200 千克	50	10 000

5. **自制半成品期初存量与金额资料如表 5 所示**

表 5　自制半成品期初存量与金额资料

半成品	数量（件）	单位成本（元）	金额（元）
毛坯车间——电动自行车半成品 1	200	168	33 600
毛坯车间——普通自行车半成品 1	150	175	26 250
烤漆车间——电动自行车半成品 2	100	397	39 700
烤漆车间——普通自行车半成品 2	300	300	90 000

1.3　实训业务与实训要求①

业务 1：采购钢管

2024 年 11 月 2 日从北京物储有限公司购入 1 000 米钢管，单价 30 元，增值税税率为 13%，货款已经通过银行转账支票付讫，材料已验收入库。业务单据如下：

实训要求：根据采购钢管的原始凭证（见第Ⅱ部分“实训原始凭证”表 6～表 8），编制相关的付款凭证（见第Ⅲ部分“实训业务填制单据”表 31）。

业务 2：采购油漆

11 月 2 日从北京红光油漆有限公司购入 3 000 千克油漆，单价 6 元，增值税税率为 13%，货款已经通过银行转账支票付讫，材料已验收入库。

实训要求：根据采购油漆的原始凭证（见表 9～表 11），编制相关的付款凭证（见表 32）。

业务 3：采购轮胎

11 月 2 日从北京新桥轮胎有限公司购入 500 套轮胎，单价 60 元，增值税税率为 13%，货款未付，材料已验收入库。

实训要求：根据采购轮胎的原始凭证（见表 12～表 13），编制相关的转账凭证（见表 33）。

业务 4：领料汇总

11 月各部门领用材料情况见表 14～表 27。

① 除手工模拟实训方式外，读者还可登录人大社财税实训平台（http://cssx.rdlearning.cn）在线实训。

实训要求：

1．根据领料单和材料期初存量与金额资料（见表 4），编制存货平均单价计算表及领料凭证汇总表（见表 34 和表 35）。

2．编制转账凭证（见表 36）。

业务 5：固定资产折旧分配

10 月固定资产原值变动情况见表 28，月折旧率为 3%。

实训要求：

1．根据 10 月各部门固定资产原值变动资料，编制固定资产折旧费用分配表（见表 37）。

2．编制转账凭证（见表 38）。

业务 6：人工费用分配

11 月各部门职工薪酬费用汇总表见表 29。

实训要求：

1．根据职工薪酬费用汇总表，编制直接人工费用分配表（见表 39）。

2．编制转账凭证（见表 40）。

业务 7：分配辅助生产费用

11 月各辅助生产车间提供的劳务量见表 30。

实训要求：

1．登记辅助生产成本明细账（见表 41～表 42）。

2．根据各辅助车间提供的劳务量，编制辅助生产费用分配表（见表 43）。

3．编制转账凭证（见表 44）。

业务 8：分配制造费用

实训要求：

1．登记基本生产车间制造费用明细账（见表 45～表 47）。

2．根据各产品的定额工时资料（见表 2），编制基本生产车间制造费用分配表（见表 48）。

3．编制转账凭证（见表 49）。

业务 9：计算毛坯车间产品成本

实训要求：

1．结合各产品期初在产品成本资料（见表 3），登记毛坯车间基本生产成本明细账（见表 50～51）。

2．采用约当产量法计算毛坯车间在产品与完工产品成本（见表 52）。

业务 10：登记毛坯车间自制半成品明细账

实训要求：

1．结合各步骤产品的产量资料（见表 1）和自制半成品期初存量与金额资料（见表 5），结转完工产品成本，编制结转和领用自制半成品的转账凭证（见表 53 和表 54）。

2．根据登记毛坯车间自制半成品明细账（见表 55～表 56）。

业务 11：计算烤漆车间产品成本

实训要求：

1. 结合各产品期初在产品成本资料（见表 3），登记烤漆车间基本生产成本明细账（见表 57～表 58）。

2. 采用约当产量法计算烤漆车间在产品与完工产品成本（见表 59）。

业务 12：登记烤漆车间自制半成品明细账

实训要求：

1. 结合各步骤产品的产量资料（见表 1）和自制半成品期初存量与金额资料（见表 5），结转完工产品成本，编制结转和领用自制半成品的转账凭证（见表 60 和表 61）。

2. 登记烤漆车间自制半成品明细账（见表 62～表 63）。

业务 13：结转装配车间产品成本

实训要求：

1. 结合各产品期初在产品成本资料（见表 3），登记装配车间基本生产成本明细账（见表 64～表 65）。

2. 采用约当产量法计算装配车间在产品与完工产品成本（见表 66）。

3. 结转完工产品成本，编制转账凭证（见表 67）。

业务 14：编制产成品成本汇总表

实训要求：

1. 编制产成品成本还原计算表（见表 68～表 71）。

2. 编制产成品成本汇总表（见表 72）。

第Ⅱ部分 实训原始凭证

表6 入库单

交来单位：采购部　　　　2024 年 11 月 02 日　　　　№.11934739

商品名称	规格	单位	应收数量	实收数量	单价	金额	备注
1001钢管		米	1000	1000	30.00	30000.00	
合计						30000.00	

第三联 财务联

部门经理：高华　　会计：王丽　　仓管主管：管一得　　经办人：黄河

表7 增值税专用发票

北京市增值税专用发票

1100174130　　№11851356　　1100174130　11851356

发票联

开票日期：2024年11月01日

购买方	名称：长江自行车有限公司 纳税人识别号：91110105MA95012K81 地址、电话：中关村南路10号010-82347777 开户行及账号：交通银行中关村支行4920000029491203	密码区	091*<+18/6+4+07<52405/606<- 63/747+<3>036475/1<*32<093< <927>12>739<-67<6-4-6><>+2< 51/3>2/*84>3*1*7+>4+/7*-+9-

货物或应税劳务、服务名称	规格型号	单位	数量	单价	金额	税率	税额
钢管		米	1000	30	30000.00	13%	3900.00
合计					¥30000.00		¥3900.00
价税合计（大写）	⊗ 叁万叁仟玖佰圆整				（小写）¥33900.00		

销售方	名称：北京物储有限公司 纳税人识别号：9111010651HA1272L0 地址、电话：北京八角路200号010-81420012 开户行及账号：交通银行石景山支行3039000038236510	备注	

收款人：王凯　　复核：果妍　　开票人：陈颜　　销售方：（章）

税总函〔 〕号**造币有限公司

第三联：发票联 购买方记账凭证

表 8 转账支票存根

证券印刷有限公司·20印制

交通银行
转账支票存根
10302568
00152250

附加信息

出票日期 2024 年 11 月 02 日

收款人: 北京物储有限公司	
金　额: ¥33900.00	
用　途: 购材料	

单位主管 曹晓静　　会计 王丽

表 9 入库单

交来单位: 采购部　　　　2024 年 11 月 02 日　　　　№.11934740

商品名称	规格	单位	应收数量	实收数量	单价	金额	备注
1002油漆		千克	3000	3000	6.00	18000.00	
合计						18000.00	

第三联 财务联

部门经理: 高华　　会计: 王丽　　仓管主管: 第一得　　经办人: 黄河

表 10 增值税专用发票

北京市增值税专用发票

1100174130　　　　发票联　　　　№ 11038920　1100174130　11038920

开票日期：2024年11月01日

购买方	名　　称：长江自行车有限公司 纳税人识别号：91110105MA95012K81 地址、电话：中关村南路10号010-82347777 开户行及账号：交通银行中关村支行4920000029491203	密码区	091*<+18/6+4+07<52405/606<- 63/747+<3>036475/1<*32<093< <927>12>739<-67<6-4-6><>+2< 51/3>2/*84>3*1*7+>4+/7*-+9-

货物或应税劳务、服务名称	规格型号	单位	数量	单价	金额	税率	税额
油漆		千克	3000	6	18000.00	13%	2340.00
合　　计					¥18000.00		¥2340.00
价税合计（大写）	⊗ 贰万零叁佰肆拾圆整				（小写）¥20340.00		

销售方	名　　称：北京红光油漆有限公司 纳税人识别号：9111011851L5A2013B 地址、电话：北京新华大街20号010-83251045 开户行及账号：交通银行通州支行5930000020221423	备注	北京红光油漆有限公司 9111011851L5A2013B 发票专用章

收款人：唐华　　复核：陈晓　　开票人：张彩萍　　销售方：（章）

第三联：发票联　购买方记账凭证

税总函〔　〕号**造币有限公司

表 11 转账支票存根

交通银行

转账支票存根

10302568

00152251

附加信息

出票日期 2024 年 11 月 02 日

收款人：北京红光油漆有限公司
金　额：¥20340.00
用　途：购材料

单位主管 曹晓静　　会计 王丽

证券印制有限公司·20印制

表 12 入库单

交来单位：采购部　　　　2024 年 11 月 02 日　　　　№.11934741

商品名称	规格	单位	应收数量	实收数量	单价	金额	备注
1003轮胎		套	500	500	60.00	30000.00	
合计						30000.00	

第三联 财务联

部门经理：高华　　会计：王丽　　仓管主管：第一得　　经办人：黄河

表 13 增值税专用发票

北京市增值税专用发票

1100174130　　№ 11038920　　1100174130　11038920

发票联

开票日期：2024年11月01日

购买方	
名　　称	长江自行车有限公司
纳税人识别号	91110105MA95012K81
地 址、电 话	中关村南路10号010-82347777
开户行及账号	交通银行中关村支行4920000029491203

密码区：091*<+18/6+4+07<52405/606<- 63/747+<3>036475/1<*32<093< <927>12>739<-67<6-4-6><>+2< 51/3>2/*84>3*1*7+>4+/7*-+9-

货物或应税劳务、服务名称	规格型号	单位	数量	单价	金额	税率	税额
轮胎		套	500	60	30000.00	13%	3900.00
合计					¥30000.00		¥3900.00

价税合计（大写）⊗叁万叁仟玖佰圆整　　（小写）¥33900.00

销售方	
名　　称	北京新桥轮胎有限公司
纳税人识别号	911101042HA6851958
地 址、电 话	北京黑龙潭路110号010-84520125
开户行及账号	交通银行密云支行5978000042013526

备注

收款人：高坤　　复核：武正　　开票人：陈红广　　销售方：（章）

北京新桥轮胎有限公司 911101042HA6851958 发票专用章

第三联：发票联 购买方记账凭证

税总函〔 〕 号**造币有限公司

表 14 领 料 单

领料单位：毛坯车间　　2024 年 11 月 5 日　　发料仓库：材料库

货号	材料名称	规格	计量单位	数量		单价（元）	金额（元）
				请领	实发		
1001	钢管		米	500	500		
用途	生产电动自行车			备注			

记账：王丽　部门主管：张一山　保管员：黄河　领料人：陈博言　审核人：王江

表 15 领 料 单

领料单位：烤漆车间　　2024 年 11 月 5 日　　发料仓库：材料库

货号	材料名称	规格	计量单位	数量		单价（元）	金额（元）
				请领	实发		
1002	油漆		千克	200	200		
用途	生产电动自行车			备注			

记账：王丽　部门主管：陈果　保管员：黄河　领料人：章文　审核人：刘玲

表 16 领 料 单

领料单位：装配车间　　2024 年 11 月 5 日　　发料仓库：材料库

货号	材料名称	规格	计量单位	数量		单价（元）	金额（元）
				请领	实发		
1003	轮胎		套	500	500		
用途	生产电动自行车			备注			

记账：王丽　部门主管：李涛　保管员：黄河　领料人：白波　审核人：刘晓春

表 17 **领 料 单**

领料单位：毛坯车间　　　　2024 年 11 月 6 日　　　　发料仓库：材料库

货号	材料名称	规格	计量单位	数量		单价（元）	金额（元）
				请领	实发		
1001	钢管		米	200	200		
用途	生产普通自行车			备注			

记账：王丽　　部门主管：张一山　　保管员：黄河　　领料人：常江　　审核人：刘玲

表 18 **领 料 单**

领料单位：烤漆车间　　　　2024 年 11 月 6 日　　　　发料仓库：材料库

货号	材料名称	规格	计量单位	数量		单价（元）	金额（元）
				请领	实发		
1002	油漆		千克	800	800		
用途	生产普通自行车			备注			

记账：王丽　　部门主管：陈果　　保管员：黄河　　领料人：章文　　审核人：刘玲

表 19 **领 料 单**

领料单位：装配车间　　　　2024 年 11 月 6 日　　　　发料仓库：材料库

货号	材料名称	规格	计量单位	数量		单价（元）	金额（元）
				请领	实发		
1003	轮胎		套	500	500		
用途	生产普通自行车			备注			

记账：王丽　　部门主管：李涛　　保管员：黄河　　领料人：秦健　　审核人：刘玲

表 20 领 料 单

领料单位：供水车间　　　　2024 年 11 月 6 日　　　　发料仓库：材料库

货号	材料名称	规格	计量单位	数量		单价（元）	金额（元）
				请领	实发		
1004	润滑油		千克	50	50		
用途	辅助生产			备注			

记账：王丽　　部门主管：徐冬　　保管员：黄河　　领料人：陈方　　审核人：刘晓春

表 21 领 料 单

领料单位：供电车间　　　　2024 年 11 月 10 日　　　　发料仓库：材料库

货号	材料名称	规格	计量单位	数量		单价（元）	金额（元）
				请领	实发		
1004	润滑油		千克	20	20		
用途	辅助生产			备注			

记账：王丽　　部门主管：袁良　　保管员：黄河　　领料人：陈方　　审核人：刘晓春

表 22 领 料 单

领料单位：毛坯车间　　　　2024 年 11 月 15 日　　　　发料仓库：材料库

货号	材料名称	规格	计量单位	数量		单价（元）	金额（元）
				请领	实发		
1001	钢管		米	800	800		
用途	生产电动自行车			备注			

记账：王丽　　部门主管：张一山　　保管员：黄河　　领料人：宋青　　审核人：刘玲

表 23 领 料 单

领料单位：烤漆车间　　2024 年 11 月 15 日　　发料仓库：材料库

货号	材料名称	规格	计量单位	数量		单价（元）	金额（元）
				请领	实发		
1002	油漆		千克	1 000	1 000		
用途	生产电动自行车			备注			

记账：王丽　部门主管：陈果　保管员：黄河　领料人：赵武　审核人：王江

表 24 领 料 单

领料单位：装配车间　　2024 年 11 月 15 日　　发料仓库：材料库

货号	材料名称	规格	计量单位	数量		单价（元）	金额（元）
				请领	实发		
1003	轮胎		套	700	700		
用途	生产电动自行车			备注			

记账：王丽　部门主管：李涛　保管员：黄河　领料人：童新　审核人：刘晓春

表 25 领 料 单

领料单位：毛坯车间　　2024 年 11 月 20 日　　发料仓库：材料库

货号	材料名称	规格	计量单位	数量		单价（元）	金额（元）
				请领	实发		
1002	油漆		千克	100	100		
用途	车间一般耗用			备注			

记账：王丽　部门主管：张一山　保管员：黄河　领料人：章申　审核人：胡丽

表 26 **领 料 单**

领料单位：烤漆车间　　　　2024 年 11 月 20 日　　　　发料仓库：材料库

货号	材料名称	规格	计量单位	数量		单价（元）	金额（元）
				请领	实发		
1002	油漆		千克	50	50		
用途	车间一般耗用			备注			

记账：王丽　　部门主管：陈果　　保管员：黄河　　领料人：潘盛富　　审核人：邓华

表 27 **领 料 单**

领料单位：装配车间　　　　2024 年 11 月 20 日　　　　发料仓库：材料库

货号	材料名称	规格	计量单位	数量		单价（元）	金额（元）
				请领	实发		
1002	油漆		千克	150	150		
用途	车间一般耗用			备注			

记账：王丽　　部门主管：李涛　　保管员：黄河　　领料人：陈玖　　审核人：刘晓春

表 28 **固定资产原值变动表**

2024 年 10 月　　　　单位：元

原值	毛坯车间	烤漆车间	装配车间	供水车间	供电车间	厂部
10 月初固定资产原值	2 000 000	1 000 000	2 500 000	500 000	200 000	1 500 000
10 月新增固定资产原值	500 000	100 000	600 000			200 000
10 月减少固定资产原值	100 000		300 000	50 000		

表 29 职工薪酬费用汇总表

2024 年 11 月　　单位：元

部门		应付职工薪酬
毛坯车间	生产工人	25 000
	管理人员	6 000
烤漆车间	生产工人	30 000
	管理人员	5 000
装配车间	生产工人	40 000
	管理人员	10 000
供水车间		3 000
供电车间		5 000
厂部		8 000
合计		132 000

表 30 本月各辅助生产车间提供的劳务量

2024 年 11 月

受益部门 / 供应部门	单位	供水车间	供电车间	毛坯车间	烤漆车间	装配车间	厂部	合计
供水车间	吨		500	5 000	2 000	1 500	1 000	10 000
供电车间	度	3 000		4 000	6 000	2 000	3 000	18 000
合计		3 000	500	9 000	8 000	3 500	4 000	28 000

第Ⅲ部分 实训业务填制单据

表 31 付款凭证

贷方科目：银行存款　　　　年　　月　　日　　　　银付字第　　号

摘　要	借方科目		金　　额											记账✓
	总账科目	明细科目	亿	千	百	十	万	千	百	十	元	角	分	
合　计														

财务主管：　　　记账：　　　出纳：　　　审核：　　　制单：　　　附件　　张

表 32 付款凭证

贷方科目：银行存款　　　　年　　月　　日　　　　银付字第　　号

摘　要	借方科目		金　　额											记账✓
	总账科目	明细科目	亿	千	百	十	万	千	百	十	元	角	分	
合　计														

财务主管：　　　记账：　　　出纳：　　　审核：　　　制单：　　　附件　　张

表 33 转账凭证

年　月　日　　　　转字第　号

摘要	会计科目		√	借方金额										√	贷方金额									
	总账科目	明细科目		千	百	十	万	千	百	十	元	角	分		千	百	十	万	千	百	十	元	角	分
合计																								

财务主管：　记账：　出纳：　会计：　制单：　附件　张

表 34 存货平均单价计算表

2024 年 11 月

存货名称	月初余额			本月购入			平均单价
	数量	单价	金额	数量	单价	金额	
钢管							
油漆							
轮胎							
润滑油							

表 35 领料凭证汇总表

2024 年 11 月

领料部门			钢管		油漆		轮胎		润滑油		合计
			领用数量	实际成本	领用数量	实际成本	领用数量	实际成本	领用数量	实际成本	实际成本
生产成本	毛坯车间	电动									
		普通									
	烤漆车间	电动									
		普通									
	装配车间	电动									
		普通									
制造费用	毛坯车间										
	烤漆车间										
	装配车间										
辅助生产	供水车间										
	供电车间										
厂部											
合计											

表 36 转账凭证

年 月 日 转字第 号

<table>
<tr><td rowspan="2">摘 要</td><td colspan="2">会 计 科 目</td><td rowspan="2">√</td><td colspan="10">借方金额</td><td rowspan="2">√</td><td colspan="10">贷方金额</td></tr>
<tr><td>总账科目</td><td>明细科目</td><td>千</td><td>百</td><td>十</td><td>万</td><td>千</td><td>百</td><td>十</td><td>元</td><td>角</td><td>分</td><td>千</td><td>百</td><td>十</td><td>万</td><td>千</td><td>百</td><td>十</td><td>元</td><td>角</td><td>分</td></tr>
<tr><td></td><td></td><td></td><td></td><td></td><td></td><td></td><td></td><td></td><td></td><td></td><td></td><td></td><td></td><td></td><td></td><td></td><td></td><td></td><td></td><td></td><td></td><td></td><td></td><td></td></tr>
<tr><td></td><td></td><td></td><td></td><td></td><td></td><td></td><td></td><td></td><td></td><td></td><td></td><td></td><td></td><td></td><td></td><td></td><td></td><td></td><td></td><td></td><td></td><td></td><td></td><td></td></tr>
<tr><td></td><td></td><td></td><td></td><td></td><td></td><td></td><td></td><td></td><td></td><td></td><td></td><td></td><td></td><td></td><td></td><td></td><td></td><td></td><td></td><td></td><td></td><td></td><td></td><td></td></tr>
<tr><td></td><td></td><td></td><td></td><td></td><td></td><td></td><td></td><td></td><td></td><td></td><td></td><td></td><td></td><td></td><td></td><td></td><td></td><td></td><td></td><td></td><td></td><td></td><td></td><td></td></tr>
<tr><td>合 计</td><td colspan="2"></td><td></td><td></td><td></td><td></td><td></td><td></td><td></td><td></td><td></td><td></td><td></td><td></td><td></td><td></td><td></td><td></td><td></td><td></td><td></td><td></td><td></td><td></td></tr>
</table>

财务主管： 记账： 出纳： 会计： 制单： 附件 张

表 37 固定资产折旧费用分配表

2024 年 11 月

<table>
<tr><td rowspan="2">部门</td><td colspan="2">折旧</td></tr>
<tr><td>原值</td><td>折旧额</td></tr>
<tr><td>毛坯车间</td><td></td><td></td></tr>
<tr><td>烤漆车间</td><td></td><td></td></tr>
<tr><td>装配车间</td><td></td><td></td></tr>
<tr><td>供水车间</td><td></td><td></td></tr>
<tr><td>供电车间</td><td></td><td></td></tr>
<tr><td>厂部</td><td></td><td></td></tr>
<tr><td>合计</td><td></td><td></td></tr>
</table>

表 40 转账凭证

年　　月　　日　　　　　　　　　　　　　　转字第　　号

摘　要	会计科目		√	借方金额										√	贷方金额									
	总账科目	明细科目		千	百	十	万	千	百	十	元	角	分		千	百	十	万	千	百	十	元	角	分
合　计																								

财务主管：　　　　记账：　　　　出纳：　　　　会计：　　　　制单：　　　　附件　　张

表 41 辅助生产成本明细账

车间：供水车间　　　　　　　　　　　　　　　　单位：元

日期		凭证编号	摘要	材料	职工薪酬费用	折旧费	合计	转出
月	日							

表 42 辅助生产成本明细账

车间：供电车间

单位：元

日期		凭证编号	摘要	材料	职工薪酬费用	折旧费	合计	转出
月	日							

表 43 辅助生产费用分配表

2024 年 11 月

项目		供水车间		供电车间		合计
		数量	金额	数量	金额	
待分配的辅助生产费用（元）						
供应辅助生产以外的劳务量						
分配率						
基本生产车间耗用	毛坯车间					
	烤漆车间					
	装配车间					
厂部耗用						

表 44 转账凭证

年　　月　　日　　　　　　　　　　　　　　　　转字第　　号

摘要	会计科目		√	借方金额										√	贷方金额									
	总账科目	明细科目		千	百	十	万	千	百	十	元	角	分		千	百	十	万	千	百	十	元	角	分
合计																								

财务主管：　　　　记账：　　　　出纳：　　　　会计：　　　　制单：　　　　附件　　张

表 45 制造费用明细账

车间：毛坯车间　　　　　　　　　　　　　　　　单位：元

日期		凭证编号	摘要	材料	职工薪酬费用	折旧费	水电费	合计	转出
月	日								

表 46 **制造费用明细账**

车间：烤漆车间 单位：元

日期		凭证编号	摘要	材料	职工薪酬费用	折旧费	水电费	合计	转出
月	日								

表 47 **制造费用明细账**

车间：装配车间 单位：元

日期		凭证编号	摘要	材料	职工薪酬费用	折旧费	水电费	合计	转出
月	日								

表 48 制造费用分配表

2024 年 11 月

应借科目			定额工时	费用	
总账科目	一级明细	二级明细		分配率	分配额
基本生产成本	毛坯车间	电动自行车			
		普通自行车			
		合计			
	烤漆车间	电动自行车			
		普通自行车			
		合计			
	装配车间	电动自行车			
		普通自行车			
		合计			

表 49 转账凭证

年 月 日 转字第 号

摘 要	会 计 科 目		√	借方金额										√	贷方金额									
	总账科目	明细科目		千	百	十	万	千	百	十	元	角	分		千	百	十	万	千	百	十	元	角	分
合 计																								

财务主管： 记账： 出纳： 会计： 制单： 附件 张

表 50　基本生产成本明细账

车间：毛坯车间　　　　　　　　　　　　　　　　　　　　　　完工产品数量：
产品：电动自行车　　　　　　　　　　　　　　　　　　　　月末在产品数量：

日期		凭证编号	摘要	成本项目				
月	日			自制半成品	直接材料	直接人工	制造费用	合计

表 51　基本生产成本明细账

车间：毛坯车间　　　　　　　　　　　　　　　　　　　　　　完工产品数量：
产品：普通自行车　　　　　　　　　　　　　　　　　　　　月末在产品数量：

日期		凭证编号	摘要	成本项目				
月	日			自制半成品	直接材料	直接人工	制造费用	合计

表 52 毛坯车间生产费用分配计算

		电动自行车	普通自行车
直接材料费用的分配	直接材料费用分配率		
	完工半成品应分配的直接材料费用		
	在产品应分配的直接材料费用		
直接人工费用的分配	直接人工费用分配率		
	完工半成品应分配的直接人工费用		
	在产品应分配的直接人工费用		
制造费用的分配	制造费用分配率		
	完工半成品应分配的制造费用		
	在产品应分配的制造费用		

表 53 转账凭证

年　月　日　　　　　　　　　　　　转字第　号

摘　要	会 计 科 目		√	借方金额										√	贷方金额									
	总账科目	明细科目		千	百	十	万	千	百	十	元	角	分		千	百	十	万	千	百	十	元	角	分
合　计																								

财务主管：　　记账：　　出纳：　　会计：　　制单：　　附件　张

表 54 转账凭证

年 月 日　　　　　　　　　　　　　　　　　转字第 号

摘要	会计科目		√	借方金额										√	贷方金额									
	总账科目	明细科目		千	百	十	万	千	百	十	元	角	分		千	百	十	万	千	百	十	元	角	分
合计																								

财务主管：　　　记账：　　　出纳：　　　会计：　　　制单：　　　附件 张

表 55 自制半成品明细账

毛坯车间：电动自行车半成品 1　　　　　　　　　　　　　　单位：元

月份	月初余额		本月增加		合计			本月减少	
	数量（件）	实际成本	数量（件）	实际成本	数量（件）	实际成本	单位成本	数量（件）	实际成本

表 56　自制半成品明细账

毛坯车间：普通自行车半成品 1　　　　　　　　　　单位：元

月份	月初余额		本月增加		合计			本月减少	
	数量（件）	实际成本	数量（件）	实际成本	数量（件）	实际成本	单位成本	数量（件）	实际成本

表 57　基本生产成本明细账

车间：烤漆车间　　　　　　　　　　完工产品数量：
产品：电动自行车　　　　　　　　　月末在产品数量：

日期		凭证编号	摘要	成本项目				
月	日			自制半成品	直接材料	直接人工	制造费用	合计

表 58 基本生产成本明细账

车间：烤漆车间　　　　　　　　　　　　　　　　　　完工产品数量：
产品：普通自行车　　　　　　　　　　　　　　　　　月末在产品数量：

日期		凭证编号	摘要	成本项目				
月	日			自制半成品	直接材料	直接人工	制造费用	合计

表 59 烤漆车间生产费用分配计算

		电动自行车	普通自行车
自制半成品费用分配	半成品费用分配率		
	完工半成品应分配的半成品费用		
	在产品应分配的半成品费用		
直接材料费用分配	直接材料费用分配率		
	完工半成品应分配的直接材料费用		
	在产品应分配的直接材料费用		
直接人工费用的分配	直接人工费用分配率		
	完工半成品应分配的直接人工费用		
	在产品应分配的直接人工费用		
制造费用的分配	制造费用分配率		
	完工半成品应分配的制造费用		
	在产品应分配的制造费用		

表 60 转账凭证

年　　月　　日　　　　　　　　　　　　　　转字第　　号

摘　要	会计科目		√	借方金额										√	贷方金额									
	总账科目	明细科目		千	百	十	万	千	百	十	元	角	分		千	百	十	万	千	百	十	元	角	分
合　计																								

财务主管:　　　　记账:　　　　出纳:　　　　会计:　　　　制单:　　　　附件　　张

表 61 转账凭证

年　　月　　日　　　　　　　　　　　　　　转字第　　号

摘　要	会计科目		√	借方金额										√	贷方金额									
	总账科目	明细科目		千	百	十	万	千	百	十	元	角	分		千	百	十	万	千	百	十	元	角	分
合　计																								

财务主管:　　　　记账:　　　　出纳:　　　　会计:　　　　制单:　　　　附件　　张

表 62 自制半成品明细账

烤漆车间：电动自行车半成品 2　　　　单位：元

月份	月初余额		本月增加		合计			本月减少	
	数量（件）	实际成本	数量（件）	实际成本	数量（件）	实际成本	单位成本	数量（件）	实际成本

表 63 自制半成品明细账

烤漆车间：普通自行车半成品 2　　　　单位：元

月份	月初余额		本月增加		合计			本月减少	
	数量（件）	实际成本	数量（件）	实际成本	数量（件）	实际成本	单位成本	数量（件）	实际成本

表 64 基本生产成本明细账

车间：装配车间　　　　　　　　　　　　　　完工产品数量：
产品：电动自行车　　　　　　　　　　　　　月末在产品数量：

日期		凭证编号	摘要	成本项目				
月	日			自制半成品	直接材料	直接人工	制造费用	合计

表 65 基本生产成本明细账

车间：装配车间　　　　　　　　　　　　　　完工产品数量：
产品：普通自行车　　　　　　　　　　　　　月末在产品数量：

日期		凭证编号	摘要	成本项目				
月	日			自制半成品	直接材料	直接人工	制造费用	合计

表 66 装配车间生产费用分配计算

		电动自行车	普通自行车
自制半成品费用分配	半成品费用分配率		
	完工半成品应分配的半成品费用		
	在产品应分配的半成品费用		
直接材料费用分配	直接材料费用分配率		
	完工半成品应分配的直接材料费用		
	在产品应分配的直接材料费用		
直接人工费用的分配	直接人工费用分配率		
	完工半成品应分配的直接人工费用		
	在产品应分配的直接人工费用		
制造费用的分配	制造费用分配率		
	完工半成品应分配的制造费用		
	在产品应分配的制造费用		

表 67 转账凭证

年　　月　　日　　　　　　　　　　　　　　转字第　　号

摘　要	会 计 科 目		√	借方金额										√	贷方金额								
	总账科目	明细科目		千	百	十	万	千	百	十	元	角	分		千	百	十	万	千	百	十	元	角	分
合　计																							

财务主管：　　记账：　　出纳：　　会计：　　制单：　　附件　　张

表 68 产成品成本还原计算表（第一次）

电动自行车
产量：

单位：元

项目	还原前产品成本	本月生产半成品成本	还原分配率	半成品成本还原	还原后成本	还原后单位成本
半成品						
直接材料						
直接人工						
制造费用						
成本合计						

表 69 产成品成本还原计算表（第二次）

电动自行车
产量：

单位：元

项目	还原前产品成本	本月生产半成品成本	还原分配率	半成品成本还原	还原后成本	还原后单位成本
半成品						
直接材料						
直接人工						
制造费用						
成本合计						

表 70 产成品成本还原计算表（第一次）

普通自行车
产量：

单位：元

项目	还原前产品成本	本月生产半成品成本	还原分配率	半成品成本还原	还原后成本	还原后单位成本
半成品						
直接材料						
直接人工						
制造费用						
成本合计						

表 71 产成品成本还原计算表（第二次）

普通自行车
产量：

单位：元

项目	还原前产品成本	本月生产半成品成本	还原分配率	半成品成本还原	还原后成本	还原后单位成本
半成品						
直接材料						
直接人工						
制造费用						
成本合计						

表 72 产成品成本汇总表

2024 年 11 月

单位：元

产品名称	直接材料	直接人工	制造费用	合计
电动自行车				
普通自行车				
合计				